Christine Virbel Alonso

PHOTOGRAPHE NATURE

une passion, un métier

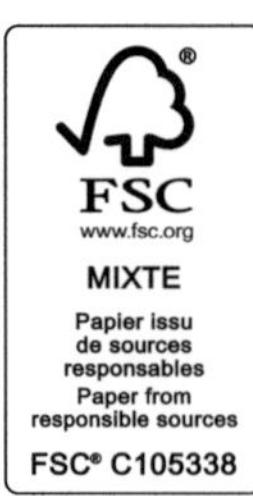

© 2023 Christine Virbel Alonso
Édition : BoD – Books on Demand, info@bod.fr
Impression : BoD – Books on Demand, In de Tarpen 42,
Norderstedt (Allemagne)
Impression à la demande
Photo de couverture : Gérard Mignard, sternes pierregarin

ISBN : 978-2-3224-7473-8
Dépôt légal : Août 2023

Sommaire

Préface de Philippe Debré, président du Festival Sologne Nature Image

Passionné de photographie, amoureux de la Sologne où je réside, sensible à la conservation des espaces naturels, le thème de la nature était pour moi une évidence quand j'ai proposé de créer le Festival Sologne Nature Image, en 2021. Ce jeune festival photographique se déroule à Salbris, dans le Loir-et-Cher (41), avec le soutien appuyé du maire et de son équipe municipale. Cette petite ville, située au cœur de la Sologne, accueille ainsi chaque année en septembre des dizaines de photographes en pleine période du brame du cerf. Pendant trois jours, les photographes professionnels, mais aussi amateurs pour leur donner leur chance, exposent leurs oeuvres dans divers lieux ouverts au public. Dès la première année, l'équipe du festival a décidé d'ouvrir ses portes à des associations ainsi qu'à des écoles. Associer les jeunes scolaires, en les initiant à la photographie et en les sensibilisant à la préservation de notre planète, était également un de mes objectifs en créant ce festival.

En effet, la photographie nature est bien plus qu'une activité professionnelle ou une passion. C'est aussi un témoignage de notre époque et de la façon dont la société pose son regard sur la nature. C'est également une façon, pour le photographe, de s'exprimer et parfois même de prendre position vis-à-vis d'elle. Enfin c'est aussi un moyen pour le grand public de s'approprier la nature, de l'apprécier à sa juste valeur et de la faire sienne pour mieux la protéger. C'est ce qu'explique ce livret sur le photographe nature, destiné aux étudiants d'écoles de photographie mais aussi aux passionnés de photographie nature amateurs. Il fait la mise au point sur la notion de nature et sur les différentes conceptions que l'on peut en avoir. Il focalise l'attention sur les endroits où la trouver. Il présente sous un grand angle son importance en tant que moyen d'éducation du public et rappelle aussi les règles à respecter pour ne pas la déranger. Enfin, il donne la parole à des photographes de terrain pour apporter un éclairage concret à ces notions afin que de nombreuses générations de photographes puissent continuer à révéler aux yeux de tous une nature si inspirante.

Introduction

Photographe nature est un métier à

part. Le plus souvent loin des studios, souvent même loin des hommes, il revêt en réalité mille et une formes pour un seul nom de métier. En effet, le sujet « nature » peut être immortalisé aussi bien dans son jardin que sur le toit du monde, en surface ou sous ls eaux. Il permet au photographe de faire parler sa créativité, de s'exprimer mais il en fait aussi un porte-parole impliqué de la nature. Qui d'autre permet à la nature de s'exprimer, finalement ? En la montrant telle qu'il la voit, le photographe nature nous montre ce que nos yeux ne peuvent pas voir, ne voient pas ou ne voient plus. L'immortaliser dans un cliché est en quelque sorte la faire vivre aujourd'hui et demain aussi, car on vit par le regard des autres. Et comme on ne protège pas ce que l'on ne voit pas, il est urgent de regarder les oeuvres de ces photographes, oeuvres dont ils sont bien-entendu les auteurs, mais avec l'aide de la nature, tableau vivant à part entière.

C.V.A.

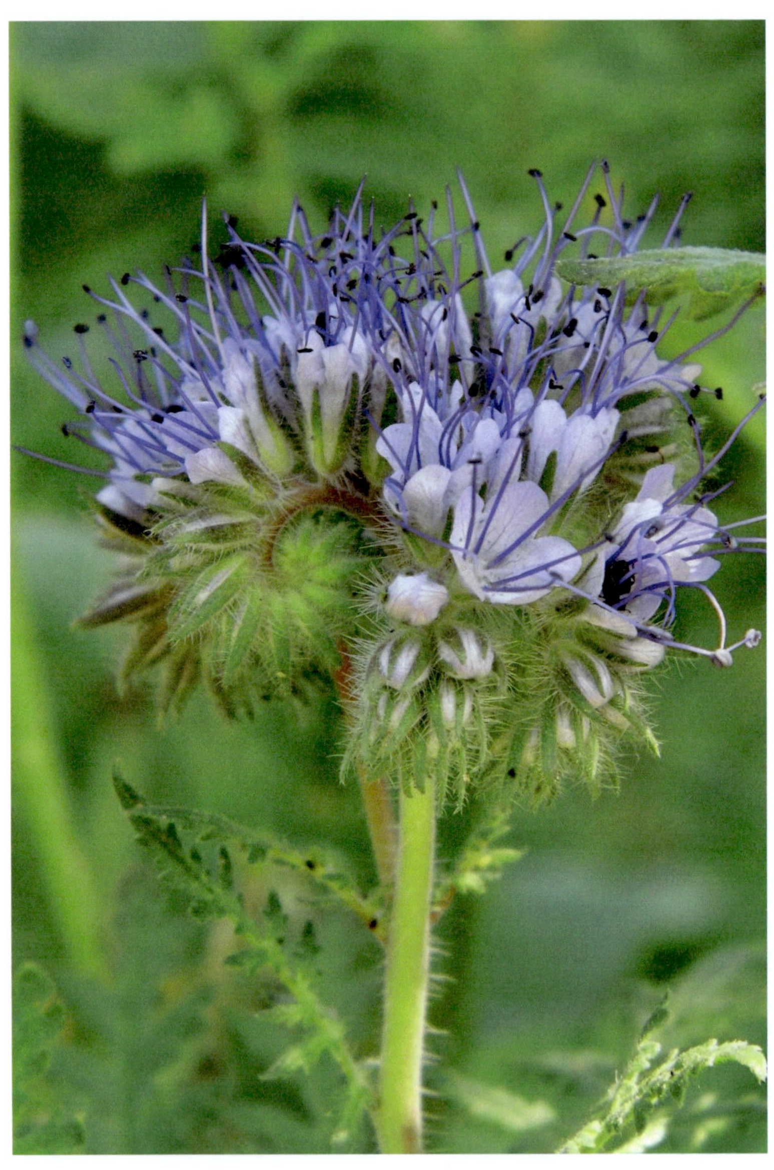

Phacélie à feuilles de tanaisie. Photo CVA

1. De quelle **nature** parle t-on ?

Lorsqu'on cherche le mot *nature* dans un dictionnaire ou sur la toile, les définitions parlent de *monde physique*, d'*ensemble des choses qui existent réellement* ou de *milieu terrestre*. La meilleure définition est sans doute celle du Centre National de Ressources Textuelles et Lexicales qui définit la nature comme « *Ensemble de la réalité matérielle considérée comme indépendante de l'activité et de l'histoire humaines* ». On est loin du rêve ou de la poésie que l'on ressent immédiatement chez le simple citoyen qui donne avec justesse sa propre définition de la nature et énonce « *l'état pur* », « *là où la vie sauvage s'épanouit* » ou « *la réalité, la seule, la vraie !* »

La nature se conçoit différemment aussi pour un citadin ou pour une personne vivant à la campagne. Qui a raison ? Qui a tort ? Le pissenlit qui s'obstine à pousser entre les grilles d'un arbre en ville ou la petite fleur qui nait dans un interstice au pied d'un immeuble sont aussi la nature. Ainsi, pour préciser que l'on parle de telle ou telle nature, on indiquera « nature en ville », « nature ordinaire » et pour celle qui concerne les milieux où animaux libres et plantes non cultivées existent, on se devra souvent d'ajouter l'adjectif « sauvage ». La nature sauvage, celle qui se tient loin des hommes mais qui, malgré tout, est obligée de se plier à leurs lois, routes et constructions…

Derrière le mot *nature* se cache donc des milieux différents où le vivant s'exerce avec plus ou moins de visibilité, de liberté ou au contraire, de pressions auxquelles il doit s'adapter.

2. Les **représentations** de la nature, un monde sans fin

Même en accord avec une des définitions du mot *nature*, le photographe nature ne pourra pas échapper à la représentation mentale qu'il en a, consciente ou non. En effet, la nature se conçoit aussi bien comme un monde dangereux et cruel, un lieu de totale liberté, une source de réconfort, une aliénation du vivant par les hommes ou encore comme un paradis vierge de toute présence humaine. Elle est sans doute tout cela à la fois, parfois même une chose et son contraire comme la forêt, par exemple, qui est présentée dans les contes comme un lieu dangereux puis accueillant et protecteur, notamment dans Blanche Neige. La forêt est d'autres fois un passage initiatique où le héros fait ses preuves et progresse.

En représentation et en réalité, la nature est aussi un lieu de paix et de mesure où un carnivore repu n'attaquera pas un herbivore qui passe près de lui. De même, un « contrat » gagnant-gagnant s'exerce dans la pollinisation des végétaux par les insectes, dans la décomposition des matières mortes par les cloportes, champignons et bactéries, fertilisant ainsi le sol. La solidarité se manifeste aussi lorsqu'un arbre envoie un signal aérien (des composés organiques volatils) aux arbres voisins quand ses feuilles sont consommées par un herbivore ou une chenille. Il avertit de cette façon les arbres proches de lui de préparer une défense chimique dans leurs feuilles afin de les rendre toxiques pour ces « prédateurs ». L'entraide se manifeste également chez le blaireau, mammifère débonnaire de nos campagnes, qui partage volontiers son terrier avec un animal d'une autre espèce n'ayant pas trouvé d'abri pour la nuit. En mer, la défense des plus faibles se produit notamment de la part de baleines qui n'hésitent pas à protéger des attaques d'un requin ou d'une orque des animaux d'une autre espèce, voire des plongeurs venus les observer.

En considérant toutes ces représentations de la nature, qui sont une co-réalité pour beaucoup d'entre elles, on comprend pourquoi chaque photographe nature pratique un métier unique, influencé par ses représentations et ses valeurs vis-à-vis de la nature. Il la photographie selon son caractère, son point de vue, selon sa propre nature et choisira les endroits où il voudra « parler » d'elle en la photographiant pour la revoir ou l'exposer ensuite.

3. Où trouver la nature ?

La nature sauvage se situe loin des villes, parfois dans des contrées perdues, mais à de très rares exceptions près, ce n'est plus la nature originelle. La nature originelle est un monde perdu, un mythe. On ne la trouve plus que sous forme de fossiles car le propre de la nature est d'évoluer. Ainsi, les plantes et les animaux ayant existé depuis l'apparition de la vie sur Terre ont disparu depuis longtemps, exception faite du plus ancien des arbres, le ginkgo biloba, qui serait présent sur Terre depuis près de 300 millions d'années. Les seuls qui gardent une certaine constance depuis 3 milliards d'années sont les bactéries sans lesquelles la vie serait impossible. Pensez au microbiote humain (la flore intestinale) qu'il serait plus judicieux d'appeler « faune intestinale » dont on dépend pour vivre… et qui se photographie aussi !

La nature sauvage est donc la nature actuelle qui vit sans intervention humaine pour se perpétuer. Il existe aussi une variante de cette nature sauvage, appelée nature férale, qui est constituée de la faune et de la flore autrefois domestiquées et retournées à l'état sauvage ou laissées en libre évolution. La nature férale peut garder certaines « traces » de sa domestication par les hommes, notamment dans son ADN et évolue ensuite en fonction du milieu où elle se développe et peut même engendrer de nouvelles espèces en se croisant avec de la faune et de la flore véritablement sauvages.

Sauvage ou férale, la nature offre une belle diversité, mais le photographe nature devra patienter et parfois s'adapter pour pouvoir la saisir, car même dans les zones protégées, comme les parcs naturels en France, on trouve des zones habitées où la culture et la sylviculture sont possibles, le tourisme et parfois même la chasse. Il y aura donc méfiance et peur des humains de la part des animaux et possible cohabitation du photographe avec d'autres représentants du genre Homo qui n'auront pas forcément les mêmes « usages » ou intentions que lui envers la nature. Les réserves naturelles et protégées de l'Aspas (Association pour la protection des animaux sauvages) offrent toutefois aux rares visiteurs des espaces de véritable paix où seuls les promeneurs (dont les photographes) sont autorisés à pénétrer. Dans ces lieux sauvages protégés et en libre évolution, les animaux ne s'enfuient plus systématiquement lorsqu'ils détectent la présence d'un professionnel qui n'a pas su se faire discret.

Certains animaux particulièrement sereins peuvent même témoigner d'une réelle curiosité et venir se poser sur l'appareil photo ou sur le photographe !

Dans les villes et villages de zones rurales, la nature sauvage co-existe à côté des plate-bandes de plantes ornementales des parcs et jardins et s'épanouit dans les champs de foire ou dans les grandes étendues d'herbes destinées à recevoir des manifestations publiques de plein-air. Dans ces milieux hybrides, à mi-chemin entre campagne et ville, la nature sauvage se cache aussi dans les clochers d'églises, dans des greniers ou dans les ateliers et dépendances faites de tôles et de bois des maisons particulières. Ce peuvent être des chauves-souris, des lézards, des hirondelles sans oublier les multiples sortes d'araignées ou encore les nombreuses espèces d'abeilles sauvages et solitaires ainsi que les coléoptères en tous genres.
Les haies champêtres dans les jardins des particuliers ou en bordure de champs cultivés sont aussi le refuge de nombreux oiseaux et de petits mammifères qui y trouvent abri et nourriture. En revanche, les champs cultivés en monocultures et sans haies sont presque vides de toute présence faunistique. Ces monocultures peuvent toutefois être le sujet du photographe.

Toujours en milieu rural, les animaux de fermes, dans les prés ou en stabulation, sont aussi un sujet possible sur la nature domestiquée qui croise régulièrement la nature sauvage à l'extérieur ou lorsque celle-ci s'invite dans les mangeoires des animaux… Le même phénomène se produit dans les clubs d'équitation, les zoos et les parcs animaliers où l'on retrouve parfois des moineaux dans les volières d'oiseaux exotiques ou des oiseaux exotiques acclimatés, comme les perruches à collier, qui s'abritent en hiver dans les boxes des chevaux.

Enfin, dans les centres urbains et les grandes métropoles, la nature sera présente avec les arbres et arbustes des parcs et des avenues, sous les toits de certains bâtiments, dans les cimetières, les égouts, sur les édifices les plus hauts et paradoxalement, dans des lieux très fréquentés où certains oiseaux, comme les corneilles, les pigeons et les moineaux, mais aussi les rats, tirent partie des déchets des humains. Les plantes seront quand à elles aussi bien visibles dans les parcs qu'au pied des arbres ou dans des anfractuosités de murs et de trottoirs ainsi que dans des friches industrielles. Il y aura aussi la nature domestiquée avec les chiens et les chats, les lapins, cochons d'Inde et autres NAC (Nouveaux Animaux de Compagnie), sans oublier les chats libres ou errants ainsi que les fleurs sur le rebord des fenêtres visitées par les abeilles domestiques et sauvages en ville. Dans les grands centres urbains, la nature domestiquée croise aussi la nature sauvage. Celle-ci est présente partout et elle attend. Dès que les conditions redeviennent propices, elle renaît, même sur quelques centimètres carrés.

La nature est en réalité la trame vivante sur laquelle les hommes se sont établis, essayant de la recouvrir de béton quand ils ont bâti leurs villes et la zébrant de leurs routes. Elle est sauvage ou domestiquée ou un peu des deux et offre une infinité de sujets pour le photographe nature qui sait la voir et la faire connaître.

4. La photographie nature, un moyen **d'éducation** du public

Dans un contexte de perte dramatique de la biodiversité sur tous les points du globe, le photographe nature joue un rôle très important en éduquant le grand public par le biais de ses photos, même si ce n'est pas son objectif premier. Quelle que soit son intention, le photographe nature suscitera aussi dans le public des sentiments supplémentaires comme la curiosité, l'émotion, la surprise… sachant que deux personne qui regardent une même photo pourront avoir des ressentis et des interprétations différentes.

Lorsque le photographe nature porte en lui l'envie de sensibiliser le public à une certaine cause, c'est sur ces émotions qu'il devra jouer. Il aura d'autant plus d'impact s'il explique par ailleurs les intentions de son travail à la presse ou dans un ouvrage. Mais pour en arriver là, le photographe nature devra se questionner sur ce qu'il veut montrer avant même de réaliser ses photos. En effet, si l'objectif est, par exemple, de photographier des petits d'animaux, autant connaître le moment des naissances de l'espèce en question, dont certaines peuvent avoir lieu une seule fois dans l'année, d'autres deux fois, au printemps et en automne. Ces sujets à photographier étant particulièrement fragiles et vulnérables, le photographe devra respecter les interdictions et les règles de protection des animaux décrites dans le paragraphe suivant.

Si l'objectif est de montrer, autre exemple, la beauté de tel ou tel sujet, alors l'heure des prises de vue, avec une plus ou moins grande luminosité ou la présence d'ombres, pourra faire toute la différence entre une photographie banale et une autre particulièrement parlante pour le public.

Si l'idée est de dévoiler un lien étroit et quotidien entre la nature et les représentants d'un peuple autochtone, par exemple, alors il faudra en plus des étapes de réflexion avoir l'autorisation de se mêler aux activités et pratiques des personnes concernées avant d'aller sur place les photographier. Enfin, s'il est prévu une exposition suite au reportage photographique, le thème de l'exposition mais aussi la taille des photographies exposées pourra influencer la façon dont le photographe agira. Sur place, le photographe devra peut-être changer d'optique si le village est plongé au sein d'une végétation luxuriante et nécessite des vues d'ensemble, s'il est au contraire judicieux de faire des plans resserrés sur des mains exécutant des gestes artisanaux ou ancestraux ; si des portraits mettront en valeur des parures ou si les alentours proposent un paysage grandiose avec des étendues à perte de vue.

En un mot, si l'intention est d'éduquer le public, le photographe devra d'abord « s'éduquer » par un travail de recherche puis mener une réflexion pour définir son ou ses objectifs - quitte à les modifier une fois sur le terrain. Les étapes de recherche et de réflexion préalables permettront de s'adapter avec plus de facilité si besoin, en ayant toujours à l'esprit que le reportage a une visée pédagogique.

5. Comment photographier la nature sans la déranger ?

La première règle à respecter pour un photographe nature est d'avoir une parfaite déontologie dans son respect de la nature. Tricher ou mettre à mal les animaux, dans l'idée de faire le meilleur cliché qui fera le buzz, est une décision de court terme. En effet, lorsque le photographe nature garde ses distances et perturbe le moins possible les animaux, c'est alors qu'il réalise les prises de vue les plus naturelles de ses sujets, sincérité qui se reconnaît dans le résultat de son travail, même par des non-spécialistes.

Ainsi, les règles d'or pour ne pas déranger les animaux sont d'abord l'interdiction de s'approcher des nids ou de toucher tout bébé animal, au risque fatal qu'il soit abandonné par ses parents. Certains oiseaux marins nichent directement sur la plage et les oeufs comme les poussins se confondent avec des pierres. Il est très facile de les écraser. Pour les plantes, le photographe doit veiller à ne pas piétiner le sujet ni l'entourage du pied de la plante. Il arrive que des fleurs meurent si la terre des 25-30 centimètres autour d'elles est tassée. Ne pas déranger les animaux se fait aussi en observant le silence, ce qui peut mettre à mal la résistance physique et mentale du photographe, surtout s'il se trouve dans une situation inconfortable. Celui-ci peut toutefois s'installer un peu plus confortablement en employant des techniques de camouflage. Parmi celles-ci, le port d'habits discrets est un minimum, mais il est également possible de revêtir une tenue de camouflage de couleur verte et marron allant du pantalon et de la veste jusqu'à la cagoule. Certains photographes au bord de la mer utilise un moyen simple qui consiste à creuser le sable et à se mettre dans le trou recouvert d'un filet les confondant avec la nature. Pour les cours d'eau, lacs et étangs ou en mer, il existe aussi l'affût flottant. Des tentes ou huttes de camouflage se trouvent aussi pour la terre ferme. Côté résistance physique, il faudra composer avec une attente parfois des heures durant dans une position accroupie et dans le bon sens du vent, un silence presque absolu, des intempéries, en veille la nuit après des heures de marche et des charges non négligeables sur les épaules entre les appareils et les accessoires pour bivouaquer et se camoufler.

Auprès d'animaux domestiques, c'est surtout la patience qui sera mise à l'épreuve du photographe qui devra aussi témoigner d'un calme et d'une retenue exemplaires, s'il souhaite réaliser une séance fructueuse sans stresser son ou ses modèles. Parfois, l'animal - même domestique - peut paniquer pour des raisons de luminosité ou de bruit du déclencheur. Il en est de même pour la faune sauvage nocturne ou des grandes profondeurs qui peut ressentir la lumière comme une réelle agression physique.

Enfin, à l'heure du bouleversement climatique, comment ne pas aborder l'impact de la photographie sur les émissions de CO_2, par les déplacements sur de longues distances, parfois au bout du monde ajoutant des gaz à effet de serre qui vont aggraver les pressions sur la nature. Les photographes du pays lointain sont capables de la photographier aussi bien que soi - mais sans doute avec un regard plus « habitué ». L'archivage numérique entraîne aussi des émissions de gaz à effet de serre puisqu'il faut renouveler la sauvegarde des photos tous les cinq ans chez soi ou dans le cloud.

Enfin, protéger la nature n'empêche pas de respecter et de protéger les humains. Dans le cas de reportage parmi des communautés locales, il va sans dire que l'objectif à atteindre ne devra pas porter atteinte à la tranquillité ou au respect des habitants ni occasionner de dégâts au milieu dont ils dépendent pour vivre. Les peuples autochtones sont aussi fragiles que la nature et sont souvent les premiers à pâtir de la destruction de l'environnement et des effets du changement climatique.

La nature que l'on dit si bénéfique pour retrouver son calme peut parfois user les nerfs du photographe, surtout lorsque celui-ci ne s'est pas documenté sur son sujet et qu'il agit de façon inconsidérée. Même en la respectant, la photographie nature peut générer de fortes émissions de CO_2, surtout si elle nécessite de voyager sur de longues distances et en général pour le stockage des clichés, ce dont les populations locales souffrent en premier lieu.

6. La **retouche** et l'Intelligence Artificielle, « mensonges » artistiques ou manipulation ?

Par sa diversité, les formes, taches et couleurs qu'elle propose, la nature peut être exposée dans des photographies sans retouche, ce que revendiquent les photographes les plus puristes. Pourtant, dans la mesure où la photographie est une technique qui dépend d'appareils dont les réglages ou les sensibilités sont parfois différents, une retouche peut être nécessaire pour obtenir un rendu plus proche de ce que le photographe a vu de ses propres yeux.

Une autre considération consiste à dire que la photographie étant un art, rien n'empêche de « forcer » un peu la réalité pour lui donner plus d'impact ou d'émotion.

Dans le contexte de photographies de la nature, lorsque la retouche change véritablement un ou plusieurs éléments, le mensonge - même artistique - est réel. Est-ce pour autant une tromperie ? Selon Picasso, « *l'art est un mensonge qui nous fait saisir la vérité* ». En cas de retouche, la différence entre mensonge et tromperie réside alors dans l'information donnée (ou non) au public. Par ailleurs, de la tromperie à la manipulation, il n'y a qu'un pas... que les caricaturistes des siècles passés utilisaient déjà ! De même, il n'est pas certain que l'intelligence artificielle apporte une complexité supplémentaire pour démêler la vérité du mensonge en photographie, dans la mesure où les logiciels informatiques permettent depuis longtemps de changer les images, d'ajouter ou de retirer des éléments. Encore une fois, l'information donnée sur la photographie en question fera la différence entre le vrai et le faux - dans la mesure où l'information fournie est elle même véridique et correspond au contexte spatio-temporel réel.

En dehors de l'information donnée à propos des photographies, l'éducation du public est aussi une autre façon de développer l'esprit critique et de diminuer la crédulité pour moins de manipulation. Elle est une tache de plus long terme à laquelle tout photographe peut aussi participer, notamment lors d'expositions, dans des débats, des conférences ou pourquoi pas dans des établissements scolaires auprès d'élèves de tous âges. L'implication du photographe en plus de son activité purement photographique assure une crédibilité et un respect à l'ensemble de la profession.

Conclusion

- Le métier de photographe, et en particulier celui de photographe nature, est bien plus que le fait de capter l'image de sujets vivants, animaux ou végétaux, ou d'éléments naturels. C'est parler de la nature mais en dire aussi beaucoup sur soi par la conception que l'on a d'elle ou par l'endroit où on va la trouver ; c'est susciter des émotions ou sensibiliser ceux qui regardent les photographies, même si l'intention n'est pas de le faire d'emblée.

- Pour atteindre ses objectifs, il est indispensable de se former au préalable au cycle de vie de son ou de ses sujets, de réfléchir à son but et à la façon dont on va s'y prendre, quitte à s'adapter à des conditions imprévues.

- On ne réussit à capter la nature telle qu'elle est qu'en la respectant et à force de résistance physique et mentale.

- Photographier la nature en la protégeant c'est aussi ménager les humains qui en dépendent directement.

• Informer sur son travail et les techniques utilisées mais aussi s'impliquer par ailleurs donne de la crédibilité et permet à la société toute entière d'en retirer des bénéfices en termes de connaissance du vivant et possiblement de plus grande clairvoyance ou d'indépendance intellectuelle.

Être ou devenir photographe nature, c'est grandir soi-même et faire grandir les autres.

7. Ils **partagent** leur **expérience**

Quel photographe nature êtes-vous ?

Cinq photographes nature, femmes et hommes de différentes spécialités, exposent leur vision de la nature et leur approche concrète de celle-ci :

- Gilles AUROUX : photographe de la faune sous-marine,

- Karine BERNARDOUX : photographe de la flore et de la faune en France,

- Gérard MIGNARD : photographe de la faune des zones humides et de la forêt,

- Philippe BARBIER : photographe d'un monde minuscule,

- Noëlle SEPTIER-SAUGOUT : photographe animalière, notamment de la faune africaine.

Gilles AUROUX, photographe de la faune sous-marine, se définit avant tout comme « un passionné, amoureux des animaux et ne se lassant jamais de les observer et de les connaître davantage. »

Selon vous, où se trouve la nature ?

La Nature est partout : en nous et autour de nous. Elle englobe tout ce qui constitue notre monde, depuis les forces élémentaires comme l'eau ou le soleil jusqu'aux espèces animales ou végétales qui y habitent.

Quelle représentation mentale en avez-vous ?

Je n'ai pas une représentation idéalisée de la nature, mais une vision plutôt scientifique, celle d'un monde régi par des lois physiques et où les espèces se comportent selon ces lois : alimentation, prédation, reproduction etc.

Je me considère comme un spectateur de ces comportements, et les scènes auxquelles nous assistons peuvent être parfois sauvages, tristes, drôles ou tendres s'il s'agit d'animaux, magnifiques ou terrifiantes s'il s'agit de paysages et de phénomènes naturels

Où allez-vous pour la photographier ?

Je n'ai pas de destination privilégiée. Je m'intéresse plus particulièrement aux animaux marins, et je construis mes projets photo en fonction de l'endroit et du moment où je sais avoir une chance de trouver mon sujet. La photographie animalière commence très souvent par une phase d'étude des animaux. La plupart des rencontres sont rarement fortuites...

Quel objectif poursuivez-vous à travers vos photos ?

Mon objectif est de faire découvrir les merveilles du monde sous-marins à "ceux de la surface". C'est un univers que bien souvent ils ne connaissent pas et que souvent même ils craignent. Les requins notamment sont une de mes espèces favorites, et l'homme en tue presque 100 millions chaque année, dans une indifférence quasi générale, délit de faciès oblige... Sur les 530 espèces connues, beaucoup sont déjà sur la liste rouge de l'UICN (union internationale de conservation de la nature). Les réhabiliter, expliquer qu'ils sont loin d'être les prédateurs sanguinaires que l'on imagine et que l'on peut même plonger sans danger avec eux constitue l'un des objectifs de mon travail de photographe.

Prenez-vous des précautions pour ne pas la déranger ? Si oui, lesquelles ?

Sous l'eau la situation est très différente de la photographie terrestre. L'homme n'est pas dans son *élément et n'importe quel animal marin nage bien plus vite que nous. C'est donc l'animal qui accepte ou non l'interaction qu'on lui propose et qui décide de venir à nous... ou pas. Bien sûr il y a toujours des situations particulières, avec notamment des espèces photosensibles. Dans ce cas on évite d'utiliser les flashs, ou alors à très faible puissance... Le risque se situe surtout au niveau des espèces sessiles* et, notamment en macrophotographie, il faut être extrêmement prudent lorsque l'on s'approche du substrat. Certaines espèces de coraux mettent des années pour pousser de quelques centimètres. Il serait dommage de les saccager en quelques secondes juste pour prendre une photo...*

* organisme vivant définitivement fixé au substrat (au sol) comme les coraux.

Dans quelle mesure la retouche de photographie est un « mensonge », selon vous ?

Le terme "mensonge" me parait inapproprié. Une photographie représente une certaine vision du monde, celle de l'artiste, et celle-ci n'a pas forcément vocation à être conforme à la réalité.

Cependant en photographie de nature, nous nous attachons surtout à montrer le monde tel qu'il est. Dès lors toute "retouche" peut être considérée comme une altération de cette réalité.

Personnellement la retouche en photo nature ne me dérange pas tant qu'elle vise à améliorer la qualité artistique d'une photo (accentuation du contraste, réglage de luminosité etc.) avec pour objectif de la rendre plus belle, ou souvent plus conforme à la réalité de ce que nous avons vu (malheureusement les appareils photos ne captent pas toujours toutes les nuances). Quant à modifier cette réalité, par exemple en rajoutant des éléments à la photo, c'est une toute autre histoire...

L'intelligence artificielle fait-elle courir des dangers au monde de la photographie ? Signe-t-elle la disparition des photographes ?

L'IA fait décidément couler beaucoup d'encre en ce moment, pourtant elle n'est ni plus ni moins qu'une nouvelle technique de production d'images, au même titre que la création graphique sur logiciels qui, elle, existe depuis des décennies...

Je pense que l'IA constitue une opportunité qui va permettre à des artistes de s'exprimer à travers cette nouvelle technique, et elle sera peut-être un jour reconnue comme une discipline artistique à part entière. Va t'elle pour autant signer la disparition des photographes ? Difficile à dire, mais la photographie, qui a remplacé la peinture comme outil de représentation du monde, n'a pas pour autant signifié la disparition des peintres...

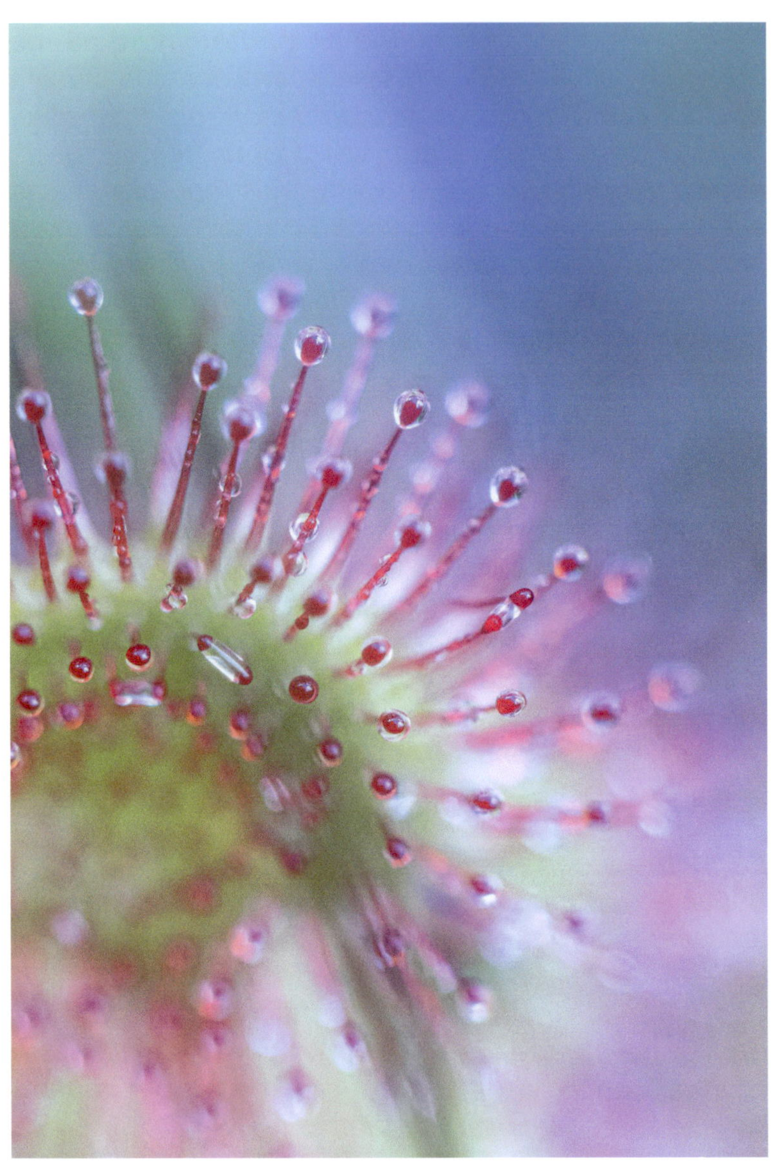

Drosera. Photo Karine BERNARDOUX

Karine BERNARDOUX, photographe de la flore et de la faune des différents milieux naturels des régions de France se présente comme « une photographe émerveillée et concernée par la beauté et la fragilité de ce qui fait l'essence de la vie sur Terre. »

Selon vous, où se trouve la nature ?

La Nature est tout autour de nous, lorsqu'on baisse les yeux on entre dans un microcosme, un petit peuple nous regarde et lorsqu'on lève la tête on est dans un macrocosme, tout un royaume animalier se trouve dans les arbres et de multiples formes de vie nous accompagnent. La Nature fait partie intégrante de nous, on peut la voir, la toucher, la sentir, la fouler et nous la ressentons.

Quelle représentation mentale en avez-vous ?

La nature est pour moi l'endroit le plus propice pour se ressourcer, prendre la mesure des choses, du monde, de ce qui nous entoure. C'est un lieu permettant de se recentrer, de s'échapper des nuisances de notre monde moderne, un lieu où ce qui est véritablement important reprend sa place. C'est un lieu où j'écoute le silence ou le bruit des animaux.

Où allez-vous pour la photographier ?

Je me déplace dans plusieurs régions de France car j'attache une attention particulière à montrer les milieux locaux. Je vais souvent en forêt pour photographier les arbres, les champignons ou tout autre sujet propre au sous-bois. Les milieux humides me permettent de photographier les amphibiens ainsi que les végétaux appartenant à ce biotope. Les pelouses calcaires ainsi que les prairies sèches regorgent d'orchidées sauvages, de fleurs diverses, d'insectes volants et rampants. Parfois un bord de route peut offrir une rencontre inattendue comme un oiseau, une fleur, un animal ou un insecte.

Quel est votre objectif à travers vos photos ?

Ma quête principale est avant tout de capter des tranches de vie tout en gardant à l'esprit l'esthétisme, la poésie et la magie des rencontres surprenantes. La photographie me permet d'exprimer ce que je ressens lors de mes sorties qui sont un moyen de me ressourcer. Mais ce n'est pas seulement cela, c'est aussi un moyen de militer pour une préservation de la biodiversité, un plaidoyer pour les insectes mal aimés mais tellement nécessaires. Il faut que chacun prenne conscience des changements qui s'opèrent. La macrophotographie ainsi que l'animalier sont pour moi des instruments afin de changer le regard des gens et par conséquent leurs actes.

Prenez-vous des précautions pour ne pas la déranger ? Si oui, lesquelles ?

Bien sûr, concernant les végétaux je fais de la pédagogie sur les espèces protégées ou non pour qu'on ne les cueille pas et qu'on veille à ne pas les piétiner. Les insectes souvent mal aimés, j'apprends aux autres à mieux les découvrir et ainsi les protéger pour qu'on ne tue pas une mante religieuse ou une araignée car elle fait peur. En ce qui concerne les oiseaux jamais de photo au nid ou durant le nourrissage. Pour l'animalier il faut arriver avant le lever du soleil, partir à la nuit tombée et rester cachée.

Dans quelle mesure la retouche de photographie est un « mensonge », selon vous ?

Pour ma part, il est très difficile de qualifier la retouche de mensonge. Quelle est la définition du mot retouche ? C'est une modification partielle ou totale d'un travail. Lorsqu'on travaille en fichier numérique brut il est indispensable de passer par un logiciel de développement (je ne dis pas retouche et pourtant dans le langage parlé c'est souvent ce mot qui revient). Ce développement permet une amélioration du contraste et de l'exposition dans la plupart des cas. Tout comme on développait une pellicule avec laquelle les photographes pouvaient appliquer des petites retouches ou filtres. Et dans ce cas pour moi le peu de "retouche" / développement n'est pas du mensonge. Cependant lorsqu'on dénature totalement une photo par un outil dit de « retouche », qu'on ajoute des éléments non présents à l'instant T, qu'on gomme des éléments ou en rajoute, modifie des ciels, des oiseaux, des éclairs d'orage et qu'on essaie de faire croire à un grand public avide de belles images que ceci était vraiment présent au moment de la photo alors oui, il y a tromperie, le plus souvent non annoncée. La "création d'image numérique " est un autre métier mais pas de la photographie. Mais attention, quand quelqu'un montre une photo très retouchée et le dit clairement alors non, ce n'est pas une tromperie mais une tricherie photographique avec une altération du réel. En fait, tout dépend où on met le curseur de la vérité qui est certainement propre à chacun des photographes. On en viendrait presque à se justifier sur le fait de ne RIEN utiliser, en disant que sa photo est « brut de capteur » car on oublie que l'appareil photo à sa propre colorimétrie/filtre qui déforme la photo et ce que notre oeil a vu.

L'intelligence artificielle fait-elle courir des dangers au monde de la photographie ? Signe-t-elle la disparition des photographes ?

J'avoue n'avoir pas essayé l'IA et ne pas en avoir envie... L'IA ne remplacera JAMAIS l'émotion ressentie ou la capture rétinienne d'un instant vécu à un moment donné. Les photographes de paysages sont à mon sens plus concernés par l'IA car on a vu qu'avec certains logiciels les photos de paysages étaient assez bluffantes. Ensuite, lorsqu'on regarde de près et qu'on analyse la photo, on remarque souvent des défauts comme la lumière, les ombres... Le risque est selon moi plutôt sur les donneurs d'ordre et partenaires qui passent commande habituellement aux photographes et qui pourraient se tourner vers ces IA. Ou bien le particulier qui, à partir de ses selfies, se confectionnera son propre album photo de mariage ou bien encore les photographes travaillant pour de l'immobilier où le risque est réel. Par contre pour le photographe animalier moins de risque car l'IA n'est pas encore capable de recréer un animal de manière parfaite.

L'IA permet la créativité à l'infini, la transformation des images existantes mais pose aussi un gros point d'interrogation sur l'avenir des droits d'auteur car on peut utiliser ces IA à partir de photos existantes. Toutefois, il faut que nous soyons vigilants car l'IA va transformer notre société. Ces images (et non ces photographies), comme celle qui a gagné un concours pour démontrer que l'IA faisait aussi bien, déferlent dans tous nos médias et vont transformer notre communication et notre perception de l'environnement. Là, plus que la retouche, est la vraie tromperie.

Je pense que l'engouement qu'on a pour l'IA disparaîtra aussi vite qu'il est venu dans notre société où le changement et l'évolution sont permanents. Et même si l'IA est là et sera toujours là dans plusieurs domaines, elle sera tellement banalisée qu'on ne la remarquera plus, comme pour tout cycle. N'oublions pas que la photographie est de l'Art et que l'IA est un outil. Et rien ne remplace le fait de photographier sur le terrain plutôt que derrière un ordinateur. En tant que photographe nature aucun logiciel ne remplacera ma forêt !

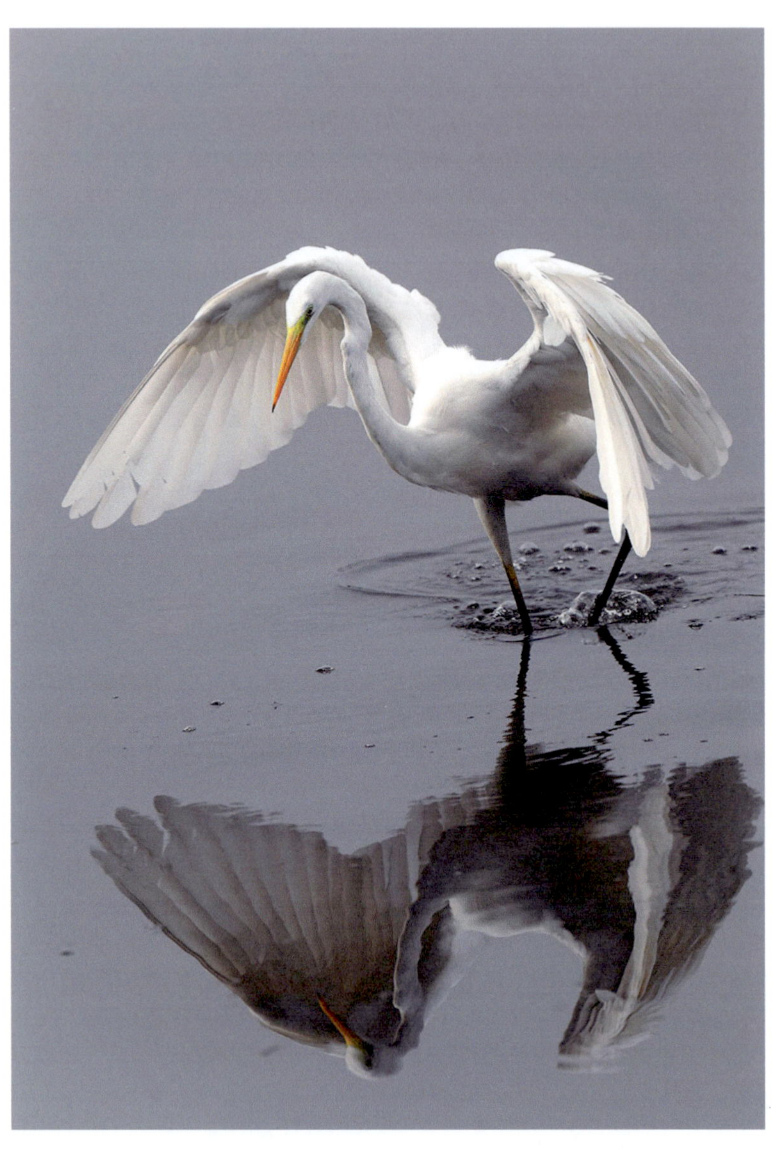

Grande aigrette. Photo Gérard MIGNARD

Gérard MIGNARD, photographe de la faune des zones humides et de la forêt dit de lui qu'il est « un passionné de nature sauvage qui essaie de capter et de partager des moments magiques et éphémères. »

Selon vous, où se trouve la nature ?

La nature est partout autour de nous. Il suffit d'ouvrir les yeux. Dans chaque mètre carré. Encore faut-il savoir regarder.

Quelle représentation mentale en avez-vous ?

Marcher en forêt ou en pleine nature est une source de bien être, de paix, de solitude.

Où allez-vous pour la photographier ?

J'ai une préférence pour les zones de marais, les bordures d'étangs, pour la faune des milieux aquatiques. Les zones sauvages inaccessibles.

Quel est votre objectif à travers vos photos ?

L'objectif est de faire passer des émotions et les partager au travers de mes expositions.
Chasseur d'ambiances lumineuses, c'est la nature qui m'inspire. Principalement la lumière en contre

jour qui donne de la transparence aux plumes des oiseaux et aux poils des mammifères.

Je cherche à saisir un comportement, une action intéressante et capter l'aspect graphique. Le résultat doit être esthétique.

Arriver à capter les deux est un exercice très difficile, ce qui explique que le nombre de photos susceptibles d'être exposées en un an ne dépasse pas cinq.

J'essaie de capter des moments, des attitudes uniques et de les partager avec les visiteurs de mes expositions.

Chaque photo à une histoire, et chaque photo est le fruit d'une préparation de plusieurs jours, de plusieurs années parfois.

Prenez-vous des précautions pour ne pas la déranger ? Si oui, lesquelles ?

L'homme est un intrus.

Il faut disparaître, s'imprégner de l'ambiance pour réussir à capter l'animal sauvage.

Il faut observer. Devenir un arbre ou un rocher.

Avant de sortir mon appareil photo, j'observe aux jumelles pendant des heures pour connaître les habitudes et les comportements.

La patience n'est pas suffisante, il faut de l'obstination.

Dans quelle mesure la retouche de photographie est un « mensonge », selon vous ?

Dans le cas de photos animalières, je ne retouche jamais mes photos. L'animal doit être dans son milieux, et rajouter un élément ou supprimer un élément revient à modifier la réalité.

L'intelligence artificielle fait-elle courir des dangers au monde de la photographie ? Signe-t-elle la disparition des photographes ?

L'intelligence artificielle ne remplacera jamais le photographe avec sa vision personnelle et sa sensibilité, et c'est heureux !

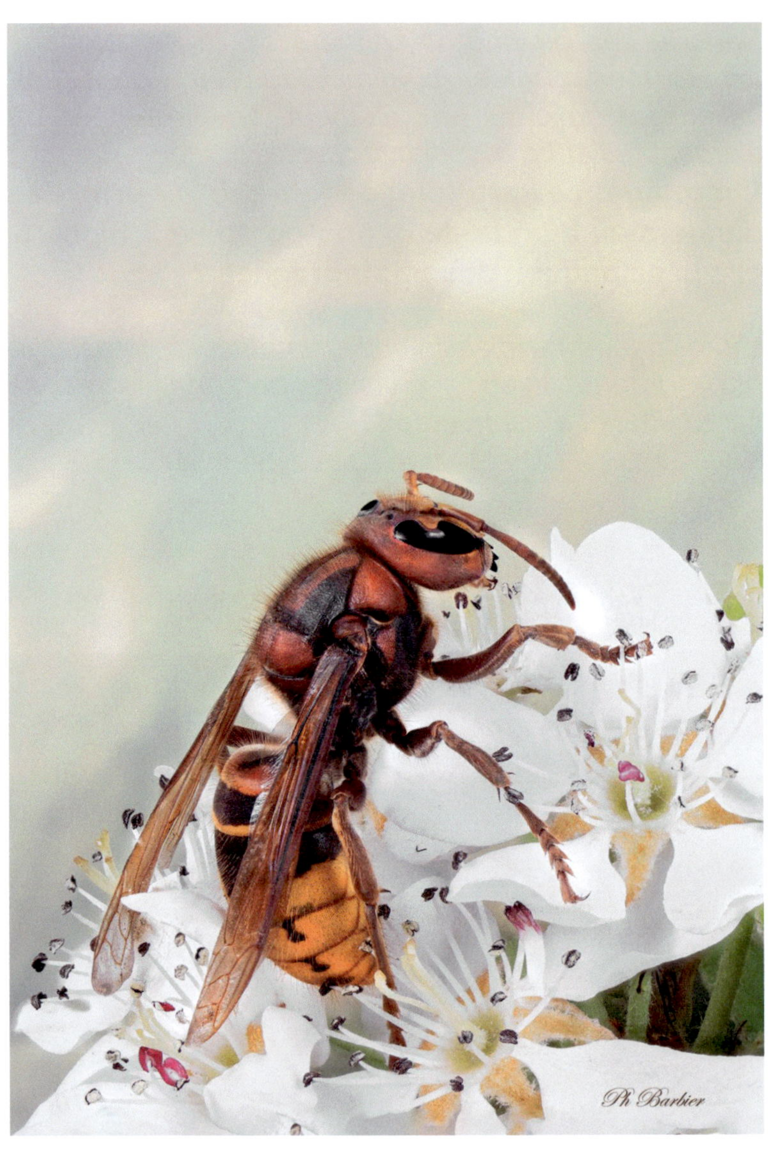

Frelon européen. Photo Philippe BARBIER

Philippe BARBIER, photographe d'un monde minuscule, essentiellement des mares de jardins, rivières et fleuves. Sa devise est de vivre en symbiose avec Dame Nature.

Selon vous, où se trouve la nature ?

Pour moi la Nature est une toile de fond dans laquelle nous retrouvons l'eau sous toutes ses formes, les prairies et cultures, les sites montagneux, les forêts et même les parcs urbains puisqu'elle nous permet d'observer certains animaux qui y ont trouvé refuges et aussi une flore ciblée, fragilisée certes, mais existante. La Nature est donc partout, plus ou moins détériorée par la pollution occasionnée par l'homme au nom « d'un mieux vivre ». Le principe est d'apprendre à la regarder.

Quelle représentation mentale en avez-vous ?

C'est un lieu calme où seuls les chants des oiseaux sont acceptés. Elle doit me permettre de me ressourcer, d'être moi-même, de me retrouver. Elle peut être à la fois un lieu de paix, un lieu sauvage et paradisiaque selon ma sensibilité et ma quête du moment.

Où allez-vous pour la photographier ?

Je photographie là où l'opportunité se présente bien-sûr, mais le plus souvent autour de mon bassin dans mon jardin. L'humidité favorise la prise de collemboles, acariens vivant dans les herbiers ou les mousses. J'ai la chance, également, de pouvoir me promener le long de la Loire, endroit propice pour rencontrer les papillons, les libellules et autres insectes.

Quel est votre objectif à travers vos photos ?

À travers ces images, je souhaite montrer la diversité de cette flore et de ces minuscules bestioles qui ne sont jamais regardées, toujours oubliées et pourtant si utiles à la survie des espèces.

Prenez-vous des précautions pour ne pas la déranger ? Si oui, lesquelles ?

En tant que photographe » nature », je m'impose de ne pas déranger les espèces que je rencontre, notamment en période de nidification. Concernant les insectes et araignées vivants que je privilégie, je les photographie là où je les trouve car l'intérêt est de les prendre dans leur milieu naturel. Pour le stacking, technique de superposition d'images, je travaille très souvent avec des sujets morts. Ils ne sont en aucun cas tués pour la prise. Il est aisé d'en trouver dans la nature. C'est le cycle normal de la vie.

Dans quelle mesure la retouche de photographie est un « mensonge », selon vous ?

Le terme « mensonge » est peut-être un peu fort. Le photographe qui enlève une « pétouille », une pancarte, une poubelle ou qui fait les contrastes ou les niveaux ne transforme pas en profondeur la photographie. Le thème premier reste intact. Je pense qu'une image correctement prise n'a pas besoin de grandes retouches. Le mensonge existe si le photographe de mauvaise fois nie la transformation d'un cliché en cas de changement radical dénaturant la photographie d'origine.

L'intelligence artificielle fait-elle courir des dangers au monde de la photographie ?

Je ne crois pas que l'intelligence artificielle soit une menace pour le monde photographique de demain. Au contraire les possibilités seront de plus en plus grandes et permettront un travail de plus en plus pointu. Quand on voit la définition et la précision de certains nouveaux boitiers, par exemple, les photographes ne peuvent qu'y croire. Nous ne pouvons pas ignorer le progrès et par bon sens en profiter. Nous avons eu le même problème entre l'argentique et le numérique. L'intérêt photographique se placera sur un autre plan. L'attrait de la prise en manuel où le photographe, comme moi, prend un réel plaisir à combiner les réglages pour obtenir « l'image souhaitée » se perdra au détriment d'une prise en automatique toujours parfaite mais sans surprise.

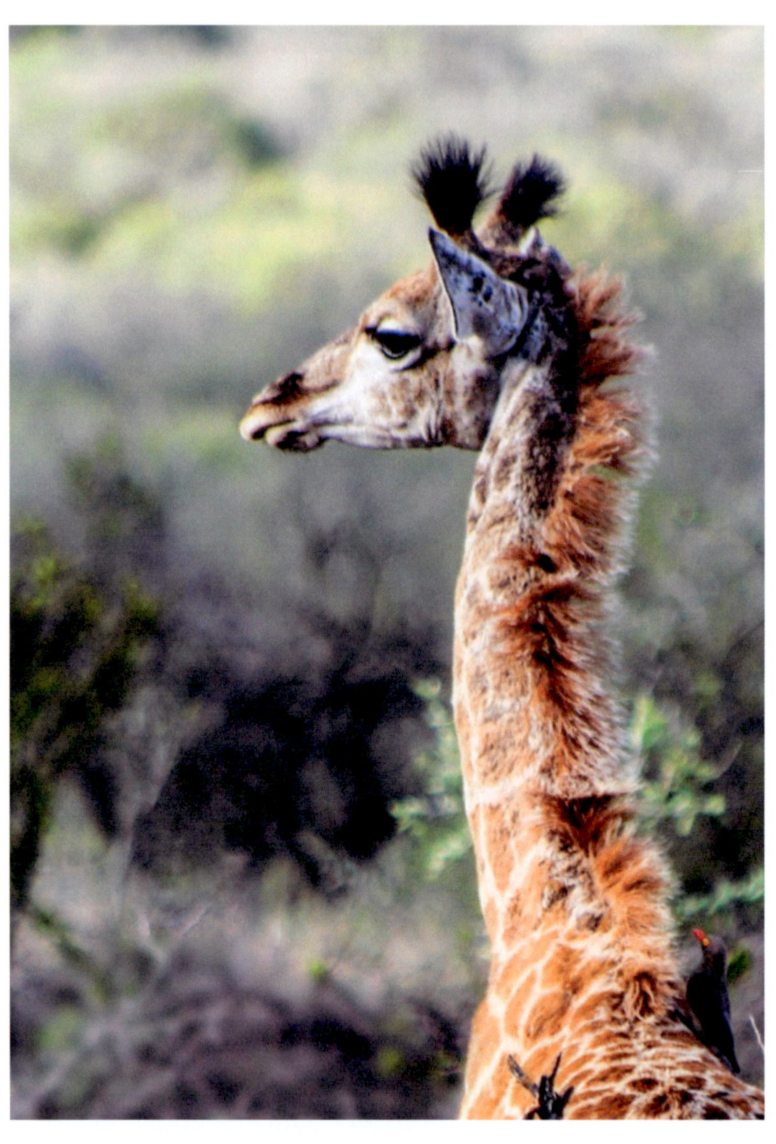

Girafon de Thula Thula. Ph N. SEPTIER-SAUGOUT

Noëlle **SEPTIER-SAUGOUT** est avant tout une photographe animalière, notamment de la faune africaine, car c'est ce qui l'anime. Mais elle aime aussi capturer la beauté des paysages et des couchers de soleil.

Selon vous, où se trouve la nature ?

La nature se trouve en dehors des lieux affectés aux activités humaines. Toutefois, dans les milieux urbains, il est heureusement possible de trouver un petit coin de nature préservé où se ressourcer.

Quelle représentation mentale en avez-vous ?

Moi qui vis à la campagne, entourée de régions boisées et agricoles, je suis plongée dans un environnement calme que seuls les humains viennent déranger. La nature est pour moi une source de vie et d'inspiration. Elle est magique et fascinante quel que soit l'endroit où l'on se trouve.

Où allez-vous pour la photographier ?

C'est l'appareil qui me suit où que j'aille et qui me permet de prendre des photos à tout moment.

Quel est votre objectif à travers vos photos ?

La photographie me sert dans un premier temps à garder des souvenirs de mes rencontres, comme un journal en image. Mais dans un second temps, cela me permet de faire découvrir à d'autres de nouveaux horizons et, surtout, de sensibiliser à la fragilité de la biodiversité et à l'importance de sa conservation.

Prenez-vous des précautions pour ne pas la déranger ? Si oui, lesquelles ?

Oui. Je m'immobilise, m'assieds et me fonds dans le paysage. En France, c'est assez difficile de rencontrer des animaux, raison pour laquelle il existe des affuts, car ils se méfient énormément. Mais en Afrique du Sud où je vais, on part avec un guide, on fait des kilomètres dans les réserves où les animaux ont l'habitude de voir des humains inoffensifs. On s'arrête dans les endroits où ils se reposent ou s'alimentent. Comme je suis équipée d'un bon téléobjectif, j'obtiens des photos comme si j'étais tout près. La règle générale c'est de ne pas déranger les animaux.

Dans quelle mesure la retouche de photographie est un « mensonge », selon vous ?

Pour avoir fait des concours animaliers/nature, je sais que la retouche photographique est mal acceptée, à tel point qu'on ne peut faire pratiquement que du recadrage. Et encore. Il est parfois toléré de changer le contraste de la photo, mais c'est à peu près tout.

Dès que la photo ne reflète plus la réalité de ce qui a été pris (montage, changement de couleur...), pour moi, c'est indéniablement un "mensonge", mais tout dépend du but de la photo...

L'intelligence artificielle fait-elle courir des dangers au monde de la photographie ? Signe-t-elle la disparition des photographes ?

Je connais mal le sujet mais je la considère simplement comme un outil technologique au service de l'art. Je doute qu'elle puisse évincer les photographes car ce sont deux techniques différentes et rien ne pourra remplacer une photo représentant la réalité.

8. TEST : Et vous, quel photographe nature êtes-vous ?

Vous souhaitez vous lancer comme photographe nature ou faire le point sur plusieurs années de pratique de la photographie ? Notez ci-dessous vos propres réponses aux questions posées aux photographes de cet ouvrage pour définir votre projet ou prendre conscience de votre évolution. Si vous êtes débutant, refaites le test d'ici deux à cinq ans pour voir si votre expérience a modifié vos réponses.

1) À quelle date faites-vous ce test ?

Année 1 :............ / Année n + 2 ou + 5 :..............

2) Êtes-vous débutant ou confirmé ?

- ..../............................

3) Selon vous, où se trouve la nature ?

Année 1

....

....

....
....

Année n + ...

....
....
....
....

4) Quelle représentation mentale en avez-vous ?

Année 1

....
....
....
....

Année n + ...

....
....
....
....

5) Où allez-vous pour la photographier ?

Année 1

....
....
....
....

Année n + ...

....
....
....
....

6) Quel est votre objectif à travers vos photos ?

Année 1

....
....
....
....

Année n + ...

....
....
....
....

7) Prenez-vous des précautions pour ne pas la déranger ? Si oui, lesquelles ?

Année 1

....
....
....
....

Année n + ...

....
....
....
....

8) Dans quelle mesure la retouche de photographie est un « mensonge », selon vous ?

Année 1

....
....
....
....

Année n + ...

....
....

....

....

9) L'intelligence artificielle fait-elle courir des dangers au monde de la photographie ? Signe-t-elle la disparition des photographes ?

Année 1

....

....

....

....

Année n + ...

....

....

....

....

Questions subsidiaires :

10) <u>Pour les débutants</u> : Allez-vous prendre en compte le changement climatique dans votre activité (photographier moins loin, par exemple, ou réaliser moins de clichés pour moins en stocker) ?

....

....

....

....

....

....

....

....

....

....

10) <u>Pour les photographes confirmés</u> : avez-vous modifié votre façon de faire par rapport à vos débuts pour atténuer les effets du changement climatique ?

....

....

....

....

....

....

....

....

....

11) <u>**Pour les débutants**</u> **: En plus de la photographie, pensez-vous d'ores et déjà vous engager d'une manière ou d'une autre pour sensibiliser le public ou pour protéger la nature ?**

....
....
....
....
....
....
....
....

11) <u>**Pour les photographes confirmés**</u> **: Vous êtes-vous impliqué dans des activités de sensibilisation du public ou de protection de la nature au fur et à mesure des années passées à la photographier ?**

....
....
....
....
....
....
....
....
....

12) Quelle a été votre première photo ?

....
....
....
....

13) Quelle est votre photo préférée ?

....
....
....
....

14) Quel est votre plus beau souvenir (ou a été votre plus belle frousse, émotion, colère) en reportage photo ?

....
....
....
....

Remerciements

Un grand merci pour leur participation, relecture ou témoignage sincère et photographie à :

- Philippe Debré

- Gilles Auroux

- Karine Bernardoux

- Gérard Mignard

- Philippe Barbier

- Noëlle Septier-Saugout

- L'équipe de l'association Festival Sologne Nature Image

- Juan, mon photographe attitré, qui a toujours su respecter ma nature.